¿Es futbol o football?

por Viktor Haizea

Scott Foresman
is an imprint of

Glenview, Illinois • Boston, Massachusetts • Chandler, Arizona
Upper Saddle River, New Jersey

Illustrations   CVR Walt Curlee; **3** Joe LeMonnier; **6, 7** Jeff Grunewald

Photographs
Every effort has been made to secure permission and provide appropriate credit for photographic material. The publisher deeply regrets any omission and pledges to correct errors called to its attention in subsequent editions.

Unless otherwise acknowledged, all photographs are the property of Pearson Education, Inc.

Photo locators denoted as follows: Top (T), Center (C), Bottom (B), Left (L), Right (R), Background (Bkgd)

4 (B) © Bettmann/Corbis; **5** (B) © Bettmann/Corbis ; **8** (BL) David J. Phillip/©AP Photo; **9** (BL) © Andy Lyons/Getty Images; **10** (B) © Mike Powell/Allsport Concepts/Getty Images; **11** (BL) ©Corbis/SuperStock; **12** (BL) © Gary M. Prior/Getty Images; **13** (CR) © Gary Rothstein/Icon SMI/NewsCom, (B) © Visions of America, LLC/Alamy Images; **14** (BL) © AP Photo/Jens Meyer/AP Images, (B) © Mike Hewitt/Getty Images; **15** (BR) © AP Photo/AP Images, (B) © MIKE NELSON/AFP/Getty Images; **16** (B) © Art Rickerby/Time & Life Pictures/Getty Images; **17** (CR) © AP Photo/AP Images, (BL) © Bettmann/Corbis; **18** (T) © Guang Niu/Getty Images; **19** (T) ©Corbis/SuperStock

ISBN 13: 978-0-328-53569-9
ISBN 10:   0-328-53569-9

2 3 4 5 6 7 8 9 10 V0N4 13 12 11 10

En los Estados Unidos, cuando las personas hablan de *football* se refieren al juego de futbol americano. Pero en la mayoría de los países del mundo, el futbol o futbol soccer, es un juego completamente diferente.

La mayoría de los aficionados al *football* se encuentra en los Estados Unidos. Los aficionados al futbol están en todo el mundo y los equipos más importantes están en Europa, México, y Centro y Sudamérica. Se dice que el futbol es el "deporte rey" pero algunos aficionados al *football* lo consideran un deporte aburrido. Sus seguidores admiran la elegancia y la **armonía** de los movimientos sobre el campo de juego.

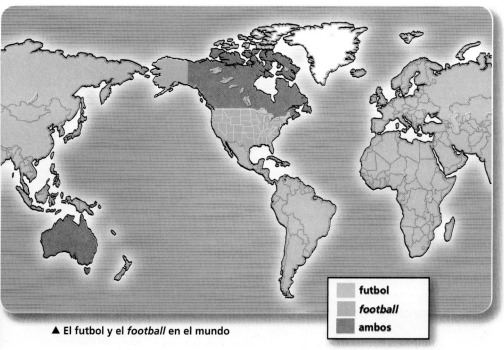

	futbol
	football
	ambos

▲ El futbol y el *football* en el mundo

Aunque no se conoce al inventor del futbol, se sabe que en muchas partes del mundo se han jugado versiones muy parecidas de este deporte. Los expertos opinan que surgió en la Antigua China ¡hace miles de años! Si es así, el futbol y el **papalote** nacieron en la misma región.

Otras hipótesis hablan de su origen **indígena** ya que algunos pueblos antiguos, como los olmecas, tenían un juego de pelota parecido al futbol. Se puede decir que este deporte tiene una **herencia** internacional.

En 1863 se establecieron las reglas oficiales del juego que se aplican hoy. Con el paso del tiempo, el futbol se popularizó en todo el mundo.

▲ Juego de futbol antiguo

El futbol americano es un deporte relativamente nuevo que se basa en un juego llamado *rugby*. Se dice que el *rugby* nació cuando, en medio de un juego de futbol escolar, un joven inglés llamado William Webb Ellis decidió tomar la pelota con las manos y correr con ella.

Muchos años después un universitario de los Estados Unidos cambió las reglas del *rugby* para crear el futbol americano. Lo cierto es que el *football* y el *rugby* descienden del futbol.

▲ Partido de *football* de 1827 entre Yale y Princeton

Los partidos de futbol se disputan en un campo rectangular de césped que mide entre 90 y 120 metros de largo y entre 45 y 90 metros de ancho. Las medidas varían según la edad de los jugadores.

En algunos estadios, hay palcos para invitados. Un palco es como una gran **pecera** de vidrio desde donde ves el espectáculo pero sin participar.

Los aficionados al futbol cantan himnos y canciones o echan porras para animar a sus equipos. Los partidos de futbol son un evento familiar. Los aficionados eligen sus equipos dependiendo de la región en donde viven, la escuela en la que estudian o el equipo preferido de sus padres o familiares cercanos.

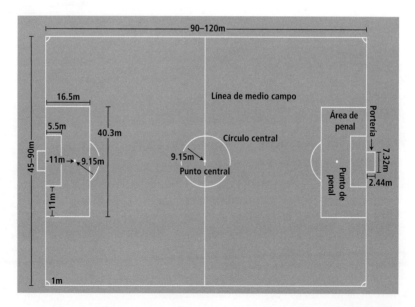

▲ Campo de futbol

En el futbol americano el campo de juego también es más largo que ancho, pero no se mide en metros sino en yardas. Estas medidas son más precisas que en el futbol. El campo siempre tiene que medir 120 yardas de largo por 53 yardas de ancho.

A veces los aficionados llevan con orgullo la camiseta de su equipo, se ponen pelucas o se pintan la cara con los colores de su equipo. También compran banderines con el emblema de su equipo. Muchas veces los equipos llevan porristas y mascotas que animan a los aficionados durante los juegos.

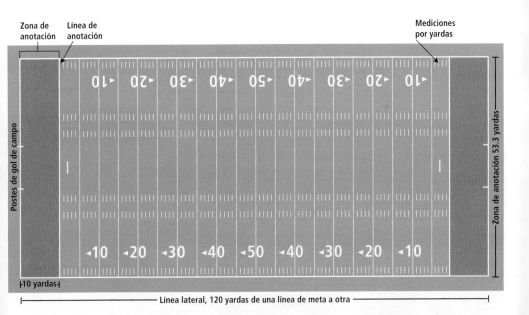

▲ Campo de juego de futbol americano

Los uniformes de los jugadores de futbol generalmente consisten en camisetas de manga corta y pantalones cortos.

Los equipos se distinguen por las combinaciones de colores de sus uniformes. Cada equipo suele tener uno para jugar en su propio estadio y otro diferente para jugar en los estadios de los demás equipos.

Algunos uniformes interesantes de países en los que se habla español son el uniforme verde de la selección mexicana, el uniforme blanco con rayas azules de la selección argentina y el rojo con amarillo de la selección española.

◀ Dos jugadoras de futbol con sus uniformes

8

En el *football* los jugadores usan camisetas y pantalones largos.

La parte del uniforme más importante en el futbol americano es el casco. Los cascos protegen la cabeza de los jugadores cuando corren o cuando se lanzan.

Algunos aficionados al *football* en los Estados Unidos coleccionan cascos miniatura, banderines y camisetas de sus equipos favoritos. También coleccionan pósters y fotografías de sus jugadores favoritos.

◄ Jugadores de futbol americano

9

Los equipos de futbol generalmente tienen entre 18 y 30 jugadores, pero solamente puede haber 11 en el campo. Los demás jugadores sirven de suplentes. Cada equipo siempre tiene un portero, o guardameta, que defiende la portería.

En muchos países, los niños crecen aspirando ser como sus jugadores favoritos. Algunos quieren ser porteros y otros quieren ser delanteros o defensas.

Muchos niños usan el uniforme de su equipo favorito o las camisas coloridas de su portero favorito. Cada vez que entrenan, los niños imitan las jugadas de sus jugadores favoritos.

▲ Un portero atrapando la pelota.

En el futbol americano cada equipo está dividido en tres equipos pequeños. Hay un equipo de ataque, uno de defensa y un tercero que se usa para jugadas especiales, como los goles de campo.

A veces los amigos y familiares se reúnen en casa de alguien para ver los juegos y comentar las jugadas y la actuación de los jugadores.

Una fecha especial en los Estados Unidos para ver los juegos con amigos o familiares es el Día de Acción de Gracias. Se prepara comida para todos. Los niños juegan e imitan las jugadas. El jugador favorito de muchos niños es el mariscal de campo.

◀ Un *quarterback*, o mariscal de campo, lanza la pelota.

11

Los jugadores corren por el campo y usan los pies, las piernas, el pecho y la cabeza para pasarse la pelota y tratar de anotar un gol en la portería del equipo contrario. A excepción del portero, los demás jugadores no pueden usar las manos para tocar la pelota. Cada gol vale un punto, y el equipo que anota más goles gana.

En algunos lugares los adultos o los niños juegan "cascaritas". Las cascaritas son partidos de futbol que se juegan por diversión. Generalmente son más cortos que un partido normal y se juegan con menos jugadores y en canchas más pequeñas.

En otros lugares se juega "el que mete gol para". Este juego se juega entre dos. Un jugador tira y el otro intenta parar la pelota para evitar el gol. Si le meten gol, el jugador deja de ser portero y se cambian los roles.

▼ ¡Gol!

El futbol americano se juega en cuatro períodos de 15 minutos, llamados cuartos. Pero el reloj se puede detener por varios motivos.

Cada equipo se turna para tratar de avanzar de un lado del campo al otro, mientras el otro equipo intenta detenerlo tacleando al que lleva la pelota. Al meter la pelota a la zona de anotaciones, se obtienen seis puntos.

Una versión más corta y con menos reglas del futbol americano es el "tochito". Este juego se juega de manera informal y, en general, sin uniforme o protección. El nombre viene de la palabra inglesa *touch* que significa tocar.

Los jugadores tocan al jugador del equipo contrario en vez de taclearlo. Así nadie sale lastimado.

▶ Este **carromato** se usa en las ceremonias de uno de los equipos universitarios de futbol americano.

Casi todos los países del mundo tienen ligas de futbol en las que muchos equipos compiten por obtener el primer lugar durante una temporada.

También hay torneos mundiales que se disputan entre los equipos nacionales, llamados selecciones. El torneo más famoso es la Copa Mundial, que se juega cada cuatro años. Cada país escoge a sus mejores jugadores para que den todo en el campo y lleven el trofeo a casa.

Algunos de los países que se han llevado la copa son Argentina (2 veces), Brasil (5 veces), Italia (4 veces) y Alemania (3 veces).

◄ Trofeo al país campeón de la Copa Mundial

Aunque hay ligas de futbol americano en varios países, las dos principales se encuentran en Canadá y en los Estados Unidos. En este país los torneos se realizan principalmente en otoño e invierno.

Debido a su popularidad en los Estados Unidos, el *football* se juega comúnmente en las escuelas secundarias y en las universidades. Muchos jugadores pasan luego de los equipos universitarios a la liga profesional.

Cada vez más aficionados de países de América Latina como México, disfrutan el *Superbowl* por televisión.

▶ Trofeo al campeón del *Superbowl*

El juego del futbol ha tenido muchos jugadores reconocidos en todo el mundo. Pero solo unos pocos son considerados legendarios. Sin duda uno de los jugadores más famosos es el brasileño Pelé, quien ganó tres Copas Mundiales con la selección de su país. Después de retirarse, se convirtió en embajador de este deporte, viajando por el mundo para promoverlo.

Otros jugadores famosos son el argentino Diego Maradona, el liberiano George Weah, el inglés David Beckham y el mexicano Hugo Sánchez.

▼ Edison Arantes do Nascimento, conocido popularmente como "Pelé".

En general, los jugadores de futbol americano no son reconocidos mundialmente, pero son muy famosos en los Estados Unidos. Algunos de los más conocidos son Johnny Unitas, Joe Montana, Walter Payton y Jerry Rice.

◀ Arriba Joe Montana, a la izquierda Johnny Unitas

▲ Final de la Copa Mundial Femenina 2007 entre Brasil y Alemania

En los Estados Unidos, el *football* se ha jugado por mucho tiempo y es uno de los deportes más populares de este país.

Sin embargo, recientemente el futbol también se ha difundido mucho. Hay una liga profesional con equipos en varias ciudades. Incluso participan importantes jugadores internacionales. Como el tamaño de los campos de juego de ambos deportes es casi **idéntico**, algunos equipos de futbol comparten sus estadios con otros de *football*.

▲ El comienzo de una jugada es el momento de mayor tensión para ambos equipos.

Ahora ya sabes un poco más sobre los juegos de futbol y *football* y sobre sus aficionados. Los dos tienen un origen común y muchas semejanzas. Los dos deportes despiertan la pasión de sus aficionados, pero las costumbres y tradiciones de los aficionados al apoyar a sus equipos son diferentes.

Futbol o *football*. ¿Cuál prefieres tú?

Glosario

armonía *s.f.* Relación entre dos o más personas, sonidos o movimientos que resulta agradable y coordinada.

carromato *s.m.* Carro grande arrastrado por caballos.

herencia *s.f.* Objetos o cultura que se recibe de los padres.

idéntico *adj.* Exactamente igual.

indígena *adj.* Que ha habitado un país o región desde los orígenes.

papalote *s.m.* Cometa de papel.

pecera *s. f.* Recipiente de plástico o vidrio con agua en el que se colocan peces.